CH

D0803320

¡Récords mundiales insólitos

ABDO
Scan
to
Read

¡Récords mundiales insólitos!

Grace Hansen

Abdo
VER PARA CREER
Kids

abdopublishing.com

Published by Abdo Kids, a division of ABDO, PO Box 398166, Minneapolis, Minnesota 55439.

Copyright © 2017 by Abdo Consulting Group, Inc. International copyrights reserved in all countries. No part of this book may be reproduced in any form without written permission from the publisher.

Printed in the United States of America, North Mankato, Minnesota.

052016

092016

THIS BOOK CONTAINS
RECYCLED MATERIALS

Spanish Translator: Maria Puchol, Pablo Viedma

Photo Credits: AP Images, Getty Images, iStock, Landov Media, Shutterstock

Production Contributors: Teddy Borth, Jennie Forsberg, Grace Hansen

Design Contributors: Laura Rask, Dorothy Toth

Publishers Cataloging-in-Publication Data

Names: Hansen, Grace, author.

Title: ¡Récords mundiales insólitos! / by Grace Hansen.

Other titles: World records to wow you!. Spanish

Description: Minneapolis, MN : Abdo Kids, [2017] | Series: Ver para creer |

Includes bibliographical references and index.

Identifiers: LCCN 2016934914 | ISBN 9781680807738 (lib. bdg.) |

    ISBN 9781680808759 (ebook)

Subjects: LCSH: World records--Juvenile literature. | Curiosities and wonders—

    Juvenile literature. | Spanish language materials--Juvenile literature.

Classification: DDC 031--dc23

LC record available at http://lccn.loc.gov/2016934914

Contenido

Velocidad

Usain Bolt es el hombre más rápido a dos piernas. Es de Jamaica. Corrió los 100 metros lisos en 9.58 segundos.

Kenichi Ito es el hombre más rápido a cuatro patas. Es de Japón. "Corrió" los 100 metros lisos en 17.47 segundos.

Números

Fan Yang tiene 16 récords usando burbujas. ¡Una vez metió a un elefante en una burbuja!

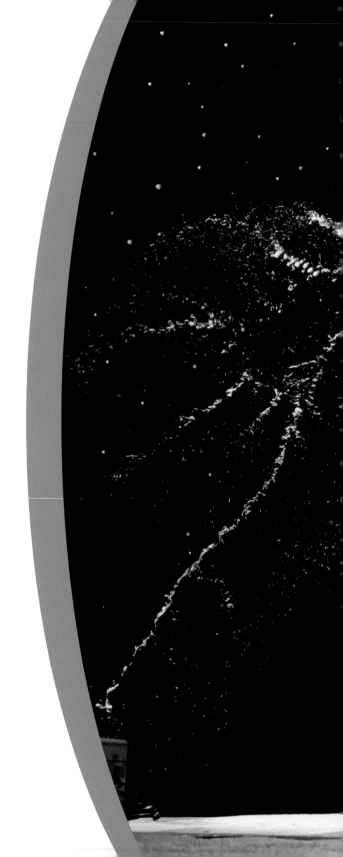

¿Necesitas un superhéroe?

Había muchos en Los Ángeles

el 2 de octubre de 2010.

Exactamente 1,580 personas

se disfrazaron de superhéroes.

Batieron el récord.

Longitud y altura

La pintura más grande en 3-D hecha en la calle medía más de 1,000 pies de largo (305 m). Medía más de 24 pies de ancho (7 m). Tardaron más de 20 días en pintarla.

13

Lee Redmond tiene el récord de las uñas más largas del mundo. ¡Medían más de 28 pies de largo (8.5 m) todas juntas!

Bryan Berg es un **experto** constructor. Usa cartas en lugar de ladrillos. Su figura más alta mide más de 25 pies (7.6 m).

El hombre más alto del mundo es Sultan Kosen. Mide 8 pies y 3 pulgadas (251 cm). El hombre más bajo mide 21.5 pulgadas (55 cm).

Edad

Julian Pavone es el baterista **profesional** más joven del mundo. Se hizo profesional a los 4 años, 10 meses y 15 días de edad.

Más datos

- Cuando nombraron a Sultan Kosen el hombre más alto del mundo, dijo que su sueño era poder casarse. ¡Su sueño se hizo realidad en 2013! Necesitaron casi 20 pies de tela para hacerle el traje.

- Julian Pavone empezó a tocar los tambores a los 3 meses sobre las rodillas de su padre. Nació en 2004 y ya ha participado en más de 300 programas de televisión. Ha trabajado con algunos de los mejores bateristas. También dedica tiempo a ayudar en su comunidad.

- Fan Yang metió a 100 personas dentro de una burbuja de jabón. Aunque su récord lo batieron el 1 de marzo de 2014. ¡Otra persona metió a 214 personas dentro de una burbuja de jabón!

22

Glosario

3-D – abreviatura para decir tres dimensiones.

experto – tener grandes conocimientos en una materia.

profesional – en inglés se puede acortar y decir pro.

tela – material para hacer ropa y otras cosas.

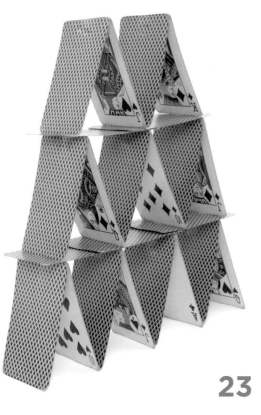

Índice

abdokids.com

¡Usa este código para entrar en abdokids.com y tener acceso a juegos, arte, videos y mucho más!

Código Abdo Kids:
SWK7365